人やものと
友だちになろう

五感をはぐくむ
感触あそび

広島・口田なかよし保育園 編

山下慶子 著

かもがわ出版

本文・装丁デザイン　菅田　亮

みんなみんな、すこやかにおおきくなあれ！

　こんにちは！　よくきたね‼　今日からあなたは保育園のこども。保育園という社会の大事な一員になりました。お家の人からお預かりした大事な命です。

　もっとも早くて保育園には生後2か月で入園してくる赤ちゃんもいます。赤ちゃんの仰向けは、「希望のスタイル」。「いいもの全部ちょうだい！」って手をひろげているようです。

　そんな赤ちゃんに、空虚な天井ではなく、殺風景な部屋でもなく、とびきりの笑顔で語りかけ、歌いかけ、手を伸ばしたくなる魅力あるおもちゃを渡したい。保育室をこどもが育つ宝箱のようにしておきたいと思います。

　おいしい食べもの、目にするもの、手や肌に触れるもの、聴こえるもの、世界にはこんなステキなものがいっぱいあるんだよ！　と知らせたい。この子に渡したものが、この子の将来を励ましてくれる存在や経験になるようえらびぬいた「もの」「こと」を渡したいです。

　おひさま、風、大地…周りの自然からの贈りものや、大人のやわらかい語りかけ、歌、絵本、おもちゃなど渡したものがその子の血や肉になっていくのですから、何をこそ渡すのかが私たちに求められます。また、それを通して人の心とも繋げてやりたいと思います。隣にいるお友だちと共感してあそべたら、どんなに世界がひろがっていくでしょう。そこに魅力的な「もの」があり、楽しい「こと」があり、一緒に楽しむ「仲間」がいる。そんな素敵なあそびの世界を膨らませてくれる「感触あそび」にスポットを当ててご紹介したいと思います。「ツルツル」「ニュルニュル」「ザラザラ」…さまざまな感触に出会って、あそんでみましょう！　いつから、誰から始まったのでしょう。きっと、保育者たちが「こどもに楽しいあそびの世界を！」と保育の中で試行錯誤をしながらみつけ、発展させてきたあそびなのでしょう。「こ

んなふうにやってみたらこどもが喜んだ！」「こうしてみると楽しめた！」という願いから生まれた保育や療育のあそびの文化だと思います。

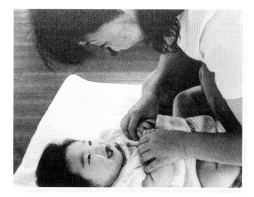

　ここへ来たならこどもの天国。
　　いろんな世界に出会って、
　　　泣いて笑ってみんなの中で大きくなあれ！

もくじ

みんなみんな、すこやかにおおきくなあれ！　　　　3

1　感触あそびって？　　　　7

● 感触あそびを大切にする理由^{わけ}　　　　8

● 積極的に生きること　　　　9

実践1：大人は楽しく生きる手本でありたい！　　　　9

● アレルギー対応　　　　10

● 大事な食材　　　　10

● 汚れが宝に！　　　　11

実践2：保育は希望！のはじまり、はじまり〜!!　　　　12

[コラム] 天使の輪　　　　14

2　感触とお友だちになる　　　　15

2-1　はじめの一歩　　　　16

● 見守ってもらって安心する。安心できるから手を伸ばす　　　　16

● 見て学ぶ　　　　17

● 真似（学）ぶ　　　　18

2-2　つながる　　　　19

● デュエット　　　　19

● 群れてあそぶ楽しさ！　　　　20

2-3	ひろがる	23
	⬤ 心をひらく瞬間	23
	⬤ いのちのお勉強	24
	⬤ 涙が出ます、タマネギさん！	25
	⬤ 野菜との触れあい	26

3　こどもと楽しむために　27

	みんなのしごとを思いやる	29
	素材研究① 心地よく感触あそびができるように	30
	素材研究② 大人もはまるどろのり！	31
	素材研究③ シャボン玉ぶくぶくぱちん！	32
	職員会議	33

4　素材紹介　35

	小麦粉＋感触表	36
	片栗粉＋感触表	38
	パン粉	40
	スライムスライム	41
	寒天クチュクチュ（ままごと編＋全身編）	42
	こおり（氷）	44
	シュレッダー粘土	45
	ポスターカラーのり	46

◉ どろのり　　　　　　　　　　　　　　　　　　　　　　　47

◉ どろんこ　　　　　　　　　　　　　　　　　　　　　　　48

5　作品＆活動　　　　　　　　　　　　　　　　　　　49

5-1　作品紹介　　　　　　　　　　　　　　　　　　　50

◉ アレンジ① ぬたくりあそびで大好きな絵本の再現　　　　50

◉ アレンジ② ぬりぬりぺったんオリジナル絵本　　　　　　51

◉ アレンジ③ 歌詞カード　　　　　　　　　　　　　　　　52

◉ アレンジ④ ボクらワタシら名俳優！（『万次郎さんとおにぎり』より）　　53

5-2　活動紹介　　　　　　　　　　　　　　　　　　　57

◉ ちぎちぎクッキング　　　　　　　　　　　　　　　　　57

◉ パン！　　　　　　　　　　　　　　　　　　　　　　　58

◉ うどんがっこう　　　　　　　　　　　　　　　　　　　59

おわりに　やんちゃもしながら…　　　　　　　　　　　　60

PART **1**

感触あそびって？

　「感触あそびが大事！」と言われはじめて、いや、言い始めてどのくらい経つでしょうか。準備も後かたづけも大変なのに、その苦労をいとわず実践を積み重ねる保育現場。

　抵抗ある子にも、「きっと楽しめるようになってくれるはず！」と希望をもって繰り返し働きかけます。「これが嫌なら、これはどうだろう…」「こんなふうにしてみたら楽しめたよ！」と、大人がくじけないために学び合いも欠かせません。

　ここでは、感触あそびをなぜ大切にしているかを少し書きました。それは、どんなこどもに育ってほしいか、人生のちょっと先輩としての願いもこもっています。実践を紹介しながら伝えていきたいと思います。

感触あそびを大切にする理由（わけ）

　多様な素材に豊かに触れられるといいな…自分の働きかけで素材が変化することの楽しさを味わったり、汚れることも気にしないで心をとき放って思う存分ぬたくりまくってあそぶ経験ができたなら…。皮ふ感覚や運動感覚を総動員して全身を使ってあそび込んでほしい、それに何といっても友だちともみくちゃになってヌリヌリしながら「たのしいねえ！」を共有しながらあそぶ経験をうんとできたなら‼　骨を折って実施するこの活動への思いやねらいがあれこれあると思います。それらに加え、少し大げさかもしれませんが、感触あそびをすることの構造が人間関係を構築していく営みに通じるように思えてなりません。

　もの（感触）と関わる。その感触が心地よかったり、ちょっと苦手かも…と感じたりするでしょう。さまざまな感触を自分の中に受け入れ、それと折り合いをつけてつき合っていく（活動していく）。私たち大人も社会の中でさまざまな感覚（感触）の人と日々つき合いながら暮らしています。学校生活、クラブ活動のようなグループ、大きな地域、そして今は職場の中で、社会の一員として人々とつながりながら私はこれまで生かしてもらってきたように思います。初めから毛嫌いしないで、どんな存在でもまず受け入れる自分でありたい。そこでどんな感情が渦巻いても自分の中で折り合いをつけて、柔らかく関わり、働きかけたいと。

　初めての感触（ものや人）に出会ったときは、そんなふうに何らかの感情を抱くのではないでしょうか。ですから、感触あそびをしながら人間づきあいと同じことをしているように思えるのです。その感触とあそぶ楽しい姿を粘り強く示して働きかけていけば、本当に「楽しいなあ！」と感じるようになるときがきっとやってきます。受け入れ、折り合いをつけ、いい関係になる日がくるのです。そのことを願いながら、強引にでもなく、かといって、「この子は感触あそびが嫌い」と決めつけるでもなく、「きっと、楽しさをわかってくれるようになるはず」と働きかけ続ける。「この世の中には、こんなに楽しいことがあるんよ！」と願いを込めて活動を考えていきたいです。そのために、私たちも学んだり自分の感性を磨いたりしながら「これだ!」と思う、とっておきのものをいつでもこどもたちに渡せるようにしておきたいです。

　こんなにがんばれるのは、その先に、こどもの笑顔、希望があるからです。

積極的に生きること

　私たちはこどもたちに「表現好きな子」に育ってほしいと願っています。

　自分を表現するということは、積極的（能動的）に生きることだと考えます。

　こども時代になるだけたくさんの魅力ある事柄に出会い、心を動かす経験をしてほしい。文字にすると理屈っぽいですが、こどもはそもそもあそびたがって生まれてきていると思うので、どんな環境に生まれてきても、どんな場で育っても、こどもの周りにはワクワクしながら手を伸ばせるようなものを準備したいです。何を好きになってくれるかは未知ですが、多様に、豊かにあそべるあそびの世界や文化を紹介したいと思います。「これが好き！」をたくさん見つけてほしい。「ちょっとだけ」先に生まれた先輩として、知らない世界や感触に手を伸ばすことを応援したい！

 実践1　大人は楽しく生きる手本でありたい！
「0歳児、初めての大胆感触あそび…の巻」

　「先生はきっと、楽しいことを教えてくれる！」日々の生活経験から期待をこめた視線が集まります。ちいさくとも学ぶ意欲は一人前！

「ハイ、みなさん！　今日は感触あそびってのをしてみますよ！」

「よ〜く伸ばして…」

最初っから
先生のようには
できませんよ〜

いいんですか！
そういうことして

「大いに結構！
スベスベ気持ちいいですよ」

「カエル泳ぎ」

 ## アレルギー対応

　保育のなかで、食べたり触ったりするものに関しては、できるだけみんなで同じものを共有したいですよね。

　給食のアレルギー対応においても除去するのみでなく、見た目も栄養的にもみんなと同じに見える代替食を考えたいものです。最近では、ヒューマンエラーによる事故防止のために、アレルギーをひきおこす素材そのものを使わない献立を考え、みんなが同じものを食べる施設・学校もあるようです。

　食べること以外にも、紫外線、寒暖差、虫やほこりによるものなど、アレルギーをひきおこすものを触ったときや吸入したときなど、アレルギー症状を起こす場合があります。

　いつもは平気だけど、体調が良くないときは反応が出てしまうこともあります。感触あそびにおいても、よくよくこどもの状況を見ながら素材をえらんでいくことが求められます。

 ## 大事な食材

　また、小麦粉や片栗粉などを使う場合、それは大事な食材です。「こどもたちの心の栄養のために少し使わせてくださいね」という気持ちをもって、私は心のなかで食べ物の神様にお礼を言っ

て使わせてもらっています。

　こんなこともありました。小麦粉も片栗粉もアレルギーがあるこどもに、何かいい方法はないかと考え抜いて、唯一大丈夫なかぼちゃをペーストにしてみることに。もちろん、こどもの前でかぼちゃをぐちゃぐちゃにするようなことはしません。別室で煮ていたとき、ふと「種も混ぜておいたほうが、いろんな感触を味わえるかも！」とひらめいて混ぜました。種の混ざったかぼちゃを持っていくと、蜘蛛の子散らすようにこどもたち（１歳児）が逃げていきました。そうです！　それはどう見ても「う●こ」に見えたからです。こどもの美的感覚はあなどれない！　アレルギーがあっ

ても楽しませてやりたい!!　という保育者心からしたことだったのですが、いやはや「美的センス」はいつの時にも忘れてはならないと思い知りました。喜んであそんでくれるとの予想が、みごとにはずれた苦い思い出です（笑）。

 ## 汚れが宝に！

　大切に考えて取りくんでいること、外でしっかり身体を使ってあそびまくること、手先も使えば頭も使っていろんな経験をしながら育っていくことを、保育室に貼ってある絵や作品を見てもらいながら保護者にお話しします。大胆にアートしている作品を横目に「だから、服が汚れて洗たくものがいっぱい出るんですよ〜…汚れ物が入っていたら、『今日もいっぱいあそんだんだな〜！』と思って洗たくがんばってもらえますか！」とニッコリお願いします（もちろんなるべく汚れないよう配慮は致しますよ！）。保育者は、楽しくあそんだ、はたまた抵抗を示した様子も、ときには写真入りでていねいに伝えます。たくさんあそんだ笑顔と保育者の努力で、汚れ物は次第にあそんだ勲章になってゆきます。保護者の理解と応援あってこその保育です。大胆にあそぶことの理解を得ながら、保護者とともに保育を創っていくことを大事に考えたいです。

えっ、ついた…

ボク↓

ボクやお友だちが先生に応援してもらいながら大きくなっていくのを見てください！

あそびながら、いろんな感触とお友だちになっていくよ！　お友だちとあそぶのは、おもしろいよ!!

これは初めての感触ですが、ベトベトしていて嫌です!!

（ヌリヌリとの出会い0歳児）

たかが感触あそび…!?

ボク→

申し遅れましたが、ボク、こうきって言います。
毎日、先生たちは、ボクたちにおもしろいことをあれこれ考えてあそばせてくれるのですが…

ボクたちは毎日初めてのことの連続です。
特に、この感触あそびって何ですかー!?
ボクはこういうの、苦手なんですけど……。

　　　　　　　　でも、先生は言うんです。

されど感触あそび‼…って。

先生たちはとても熱心なんです。
嫌がることを無理強いしたりはしないですが、だったらやめようという感じでもなく、その日は何度もやってきて、ボクと「それ」をお友だちにしてくれようと考えてくれているようです。

素材の工夫をしてみたり、お友だちの姿を見せてくれたり、そして、先生はいつも楽しそうにやって見せてくれます。とにかくいろんなものに出会わせてくれました。

0歳

1歳

そのうち「ヤダヤダ！」と引っこめていた手が黄色いヌルヌルを触っていました。
隣でお友だちが緑のヌルヌルをしてたので、手をつないで乾杯しました。すると、とっても不思議なことがおこりました。黄緑になっちゃった‼

保育園には不思議がいっぱい！　楽しいがいっぱい！

2歳

コラム 天使の輪

　腹ばいの姿勢を持続してあそべるようになった赤ちゃんのぬたくりあそび。材料は、小麦粉＋食紅です。

天使のようにかわいい赤ちゃんの、あそんではしゃいだ跡です。
キャッキャという声が聞こえてきます。
なんだろな……たのしいな……夢中であそんでいたならば、
紙たし継ぎたしグルリとまわってドーナツできた！

…やがて
一周まわります………

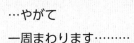

まん中に、かわいい天使が
見えるでしょ。
愛しい天使があそんだ跡！

いっぱいあそんで
大きくなるんだよ！

PART 2

感触とお友だちになる

　さあ！　保育室をのぞいてみましょう。まず、どんなことからはじめるとよいのでしょう。どんな素材が適しているのでしょう。どのクラスにもいろんな月齢の子がいます。保育経験もさまざまです。いきなり大胆に！はこどもも保護者も戸惑いますよね。こどもとの関係をつくりながら、ゆっくりはじめてみましょう。先生が見守ってくれている安心感がもてるよう、はじめは、初めて挑戦する気持ちを汲みとりながら、こどものそばに寄り添うのがいいですね。

　経験したことがある子が楽しむ姿を見たり、楽しくあそべる友だちとペアになったり、慣れてくると、人数を増やしていくと盛り上がります。どんな素材で、どんなふうにすると楽しめるか、複数担任であれば、話して思いを一致させて実践してみてください。もちろん、シートを敷いたり、素材の準備をしたりは、万全に！　ちいさい子ならば「集中できるのは３分間！」くらいからはじめると気持ちが楽かもしれませんね。初めての子、ちょっと苦手意識のある子に対してのアプローチの仕方、あそびのひろげ方などの工夫を見てみましょう。

① はじめの一歩

 見守ってもらって安心する。安心できるから手を伸ばす

0歳児クラス、はじめての小麦粉ぬたくり（食紅使用）

ほ～ら、ぽっとん！

ふり向くと先生がいる。

はじめてのことに出会い、不安な時には、その気持ちにそっと寄り添って、新しい挑戦を応援し、大きくなりたい心を支えていきたいですね。

　今日は、先輩の姿を見て学ぶ会です。０歳児クラスでまだやったことがない子、少し抵抗のある子へのアプローチ！　（小麦粉＋食紅を使って）

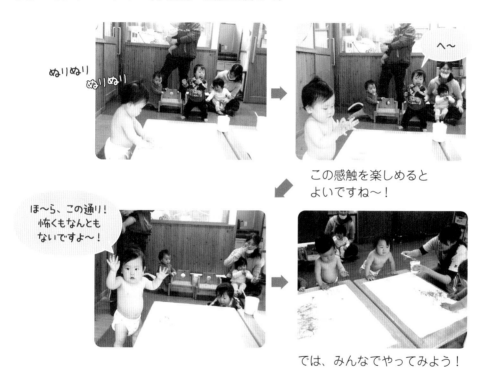

ぬりぬり
ぬりぬり

へ〜

この感触を楽しめると
よいですね〜！

ほ〜ら、この通り！
怖くもなんとも
ないですよ〜！

では、みんなでやってみよう！

ほ〜ら、みなさんじょうずにできました。大成功です！
案ずるよりやってみれば楽しさがわかるものですよ！

できた！

やった！

経験を重ねることと、人の姿から学ぶということが壁を乗り越えることにつながった感動の場面でした。

真似（学）ぶ

　学ぶことは、真似ることから！　０歳児クラス。ペアリングを工夫してみましょう。「ヌリヌリ大好きさん」＋「ちょっと抵抗あるちゃん」の場合。

２人の口が…（笑）
ステキな真似び合いでした。

友だちは何よりの先生です。すごい　すごい!!

2 つながる

デュエット

「いっしょが嬉しい」「いっしょだと楽しい」が膨らんでいくと、挑戦の心が生まれます。

1歳児：絵具のり

3歳児：小麦粉粘土

4歳児：油粘土

0歳児：手作り筆絵

こんなん
かいたよ〜
0歳児：墨絵

0歳児：食紅小麦

0歳児：食紅小麦

群れてあそぶ楽しさ！

感触あそびは、ちいさいときからあそびの文化！ ものや人とお友だちになって、こんなふうに楽しんでいます。

汚れても叱られないよ！ キャーキャー思う存分楽しんじゃおう‼ みんなではしゃぐことに価値がある宝の経験です。ほ〜ら、歓声がきこえてくるようです。

0歳児：絵具

2歳児：染めもの　　　　　　　0歳児：片栗粉

1歳児：どろんこ

0歳児：小麦粉ペイント

0歳児：絵具小麦

たのしすぎます

クシャクシャ、ビリビリ
新聞海峡
いざゆかん

0歳児：ポスターカラー絵

0歳児：小麦粉あそび

0歳児：新聞の海

0歳児：タンポ筆絵

0歳児：食紅小麦ヌリヌリ

チクチク、
カシャカシャ

0歳児：パン粉チクチク

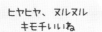
ヒヤヒヤ、ヌルヌル
キモチいいね

先生、いいね！

1歳児：小麦粉まみれ

4歳児：ポスターカラー絵

どろんこリズムで
1.2……

4歳児：どろんこリズム

4歳児：洗たくのり絵具

1歳児：色水あそびで吹き絵（雨をイメージ）

園庭のより集まり

1歳児：
色水あそびからの〜〜
タライ被り！

2歳児：おもちぺったん！

2歳児：スポンジ共同画

傘の内側の模様になりました！
（ナイスアレンジ！！）

先生、
ナイスダイブ〜！

色水あそびからの〜〜
アンブレラ！

3歳児：ポスターカラーのりでダイビング〜！

❸ ひろがる

喜ぶ、泣く、葛藤する、興味をもってる…。目の前のこどもは、どんな様子でしょう。こどもの姿をキャッチして、それをヒントに次に展開していけるといいですね。何をどのようにすれば、興味の世界がひろがってゆくのか。さぁ、アンテナ張って!!

 ## 心をひらく瞬間

春のお茶会です。新年度二日目、園庭の桜が見頃です。新入園のお友だちは、初めて父さん母さんと別れて涙涙。あっちからもこっちからも泣き声が聞こえてきます。こんな時だからこそ、ほっこりした時間をつくりたいものです。慣らし保育中に、お迎えに来られた保護者も招き入れ、「保育園は楽しいですよ。安心してください!」と一服してもらいます。

さて、新入園の旺ちゃんは不安そうな顔をしています。お茶会だって初めてです。何だろう？　とお手前を見つめます。抹茶の味は苦かったけど、担任は、興味津々でお手前をのぞきこんでた旺ちゃんを、見逃していませんでした。お茶会の後で、即座に抹茶色のヌリヌリを用意して感触あそびに誘います。

一気に心ほぐれた旺ちゃんでした。アンテナ張ってこどもの心に寄り添う保育者の、感触あそびで仲よくなろうと機転を利かせたそのセンスに、「さすが!」と感じ入った嬉しい春の始まりでした。よかったね、旺ちゃん！

いのちのお勉強

　お魚屋さんに来てもらっていのちのお勉強です。ほとんどのこどもは、切り身の魚しか見たことがありません。どんな形のどんな色の魚が、どのようにして今日の給食のおかずになっていくかをさばくのを見せてもらい、いのちの営みを聞きながら、触らせてもらう経験をします。触ることは、感じること。五感をとぎすまし、いのちと向き合います。

頭の中にこんなに魚が
入っていましたよ！

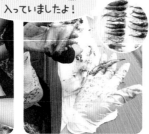   

貴重な体験をさせてもらい、その後さまざまに表現していました。

イカ墨で
ジロジロ

粘土で　　　ハサミで

涙が出ます、タマネギさん！

むいたり、泣いたり、染めたり、畑で抜いたりいろんな体験をさせてくれる玉ねぎさん！

こ〜んなに
たくさん！

友人から玉ねぎが届きました！

むいてみましょう…

これが玉ねぎ
なのですね！

くんくん

うげー！

かいでみましょう…

オー！

むけた！

みてみて

できた！

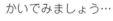

むいた皮でつくった玉ねぎ！

　どこからでも学び、どんなものともこどもたちと仲良くしてやろうと思う保育者魂！　捨てるものなど、ありませんね（笑）

野菜との触れあい

　こうしてみると、感触あそびと食材との関わりは密接ですね。小麦粉あそびをする時、こどもたちは食材を使っているという意識はもっていないと思いますが、一方では、初めて見る食材を紹介してもらい、元の姿を見て、においをかぎ、触ってみながらその食材に出会い、認識していきます。「ほら、朝見た野菜がおいしいおかずになったよ！」と触れた感触とともに五感をフル稼働してものと出会っていきます。

　味も含めて、その食材とお友だちになってほしいと願います。ここでは、２歳児クラスの「おはようクッキング」をご紹介します。給食の献立から毎日ひとつだけ"今日の食材"と出会い、その様子が記録され、保護者に紹介されました。給食室と連係したナイスプレイ！です。

PART 3

こどもと楽しむために

　そうはいってもどうやって…？　そこが悩みどころですよね。はっちゃけてあそびたいけど、一人では大変です。周りの協力を得なければならない場面も出てきます。どんなことでも周りの人たちとよく話して、「こんなこどもに育ってほしいね」の共有が大事です。言葉と言葉、心と心のキャッチボールをしながら保育を創っていくのがいいですね。保育の仕事はワンチームでの連係プレイですからね！

　この章では、準備や片づけ、活動するにあたってのルールづくり、中身を深める教材研究などの学習の場面を見てみましょう。

○ みんなのしごとを思いやる、素材研究①②③

　準備をするときはこどもの顔を思い浮かべながらワクワクしますよね！どんな材料を使うのか、どんな紙の大きさにするのか、そして、色づくりにもぜひこだわってみてください。季節を感じる色、イメージをかきたてる色、きれいな色、暗い色…。こどもには汚れたい欲求があるのだというお話を聞いたこともあります。キレイばかりでない思いのこもった色をつくって渡してください。それらの準備は「活動のねらい」を実現していく大事なポイントになります。

　また、私の保育園では、室内で絵画活動をするときには「緑のシート」、外でなら「ブルーシート」と決めています。畳み方まで代々レクチャーがあります（笑）。小麦粉あそびなどをしたときは、小麦を残さずきれいに洗い流さないと、あとで悪臭を放ちます。排水のよくない場所（スノコの下や水たまりなど）に残っていても腐敗して不衛生になってしまいます。塊は新聞紙にくるんで生ごみとして捨てた後、流水でよく流しましょう。ここが、食材を使ったときの注意するポイントです。次のクラスが気持ちよく使えるよう、「親しき中にものエチケット」です！

○ 職員会議

　みなさんには、こどもの話（保育の話）を心ゆくまででできる仲間や環境はありますか？あると心強いですよね。うまくいったときも、いきづまったときも一人で抱え込まないように、また、独りよがりにならないで、こどもを真ん中にして学び合える友があると嬉しいですよね。保育を深める教材研究をしたり、こどもの育ちについて学習をしたり、実践したことを出し合ったり。仲間の保育から学び合いながら仕事ができると喜びはふくらみ、悩みには寄り添って一緒に考えてもらえますね。

こどもたちを楽し
ませるんだ〜！と、
ワクワクの準備！
楽しんでくれると
いいな…。

こどもたちが満足してあそんでくれた
ので心はウキウキです！　しかし、た
たかいはその後やってきます！

やっと
終わったよ

こどもが大きく
なってくれる姿
を見るのが、
私たちの励み
です！

後始末するのは
とても重労働だ
けど、どうです、
この笑顔‼

充実感で
いっぱいです！

さて、次に使うクラスのために、
合言葉は「出した時よりも美しく！」です。かすれたペンはありませんか？　なくなりかけたものは
ありませんか？　汚れたままになっているものはありませんか？　親しき仲間にこそ心を込めて礼を
尽くしたいですね。

素材研究❶ 心地よく感触あそびができるように

　こどもたちがのびのび楽しめるように、安全でより良い素材の研究に余念がありません！ これはアレルギーで小麦が使えない場合の代替を考える研究会です。近年は、米粉で代用するのがヒットしています。その他にも働きかけによって変化する可逆性に富んだ素材をみつけていく探求もしていきましょう。

〈米粉の使用〉　難点…煮るとダマになる
　ダマにならないようにするのに、いったん炒ってから煮込んでみるといい！　など、料理人さながらのこだわりようで、今、まさに研究しているところです。

3分クッキングではありません！（笑）

炒って煮た米粉
（ピンク）

煮てない小麦粉
（白）

炒らず煮た米粉
（水色）

やはり、素材研究は欠かせませんね。
子育て中の保育者もがんばっていますよ！

素材研究❷ 大人もはまるどろのり！

材料・作り方はこどもと同じです（P.47）。
タライに入れた砂に、洗たくのり（PVA）を好みの硬さになるまで徐々に加えていきます。

気持ちいい！

お〜〜！

ぬちゃぬちゃ…

テーマを決めてグループごとに構成を話し合って共同作業するのもおもしろい！

こちらは「お月見」

こちらは「焼き芋」
やはり食欲の秋ですねぇ！

今日のテーマは
「秋」

　ポスターカラーで色づけ。紐をつけて飾りにしたり、モビールにしたり、アレンジが楽しめます。
　泥のりはそのままにしておくと固まります。あそび終わったら地面に返して、そのうち砂といっしょになります。

素材研究❸ シャボン玉ぶくぶくぱちん！

　シャボン液にポスターカラーを混ぜて色づけします。ゆっくり大きく膨らませて大輪の花。ブクブクすると、うんと想像ふくらんで、おもしろ発想わいてくる！

 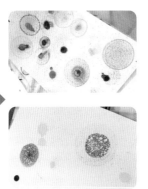  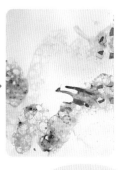

こんな
作品ができるよ

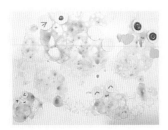  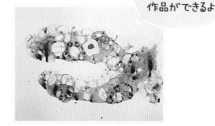

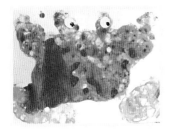  

絵を囲んでこどもの話を夢中でします。「このことを学んだ」「ここがもっと深められたら…」と実践したことの手ごたえを伝え合います。「感触あそびでしっかり全身であそぶには心が解放されていて、肩や手首がやわらかく動かないとあそびこめない。かたさがある子にはこういうマッサージがよかった…」と…実演したり、ではそのマッサージについて学び合おうと0歳担当者が講師になって学び合ったりします。それで、かんたくん（職員のこども）がモデルデビューしました。

肩まわりを
こんなふうに
マッサージ

こどもの絵に
夢中の職員会議

なので
マッサージの学習
をすることに！！

大好きな歌に
あわせて
やっていくといいですよ

マッサージの
勉強中

←かんたくん

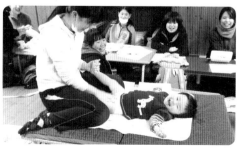

私は、この絵を
いっしょに描いたときが
楽しくて！

一列に並べると
一年の育ちが目で
確かめられます

職員どうし学び合って、保育の願いが一致できるといいですね。こどもたちにワクワクする世界を!!　研究してたくさんの素材に触れさせてあげてください。

PART

素 材 紹 介

　それでは、素材を紹介しましょう。長い間、親しまれてきたおなじみ素材から、保育の試行錯誤で見つけたものまでご紹介！　レシピを書いてみましたが、加減しながらあなたのベストをみつけてください！「こうしてみるとよかったです！」を発見したなら、ぜひぜひお知らせくださいね。

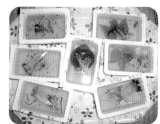

●準備するもの：小麦粉100g／水110cc

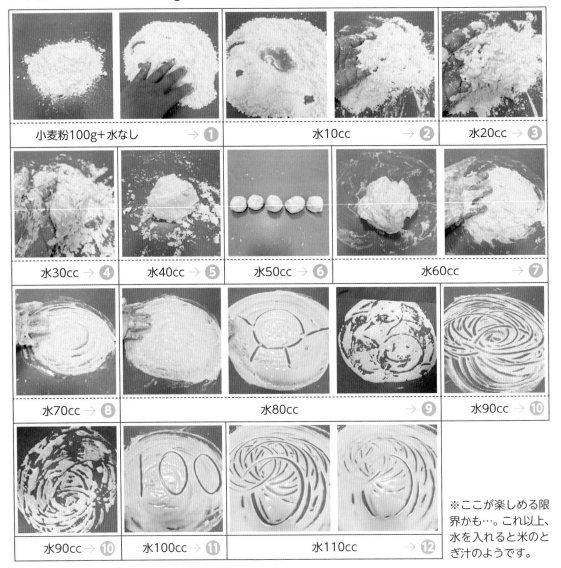

| 小麦粉100g+水なし → ① | 水10cc → ② | 水20cc → ③ |

| 水30cc → ④ | 水40cc → ⑤ | 水50cc → ⑥ | 水60cc → ⑦ |

| 水70cc → ⑧ | 水80cc → ⑨ | 水90cc → ⑩ |

| 水90cc → ⑩ | 水100cc → ⑪ | 水110cc → ⑫ |

※ここが楽しめる限界かも…。これ以上、水を入れると米のとぎ汁のようです。

水(CC)	
110	⑫ゆるいです。描いてもゆる〜っとつぶれていきますが気持ちいいです
100	⑪机やシートの上でスベスベあそべます。描いては消し…描いては消し…
90	⑩さらになめらか、直接紙の上で描いてあそんで跡を残すこともできますが 乾くとポロポロ取れてきます
80	⑨少し粘りけ解消。広島風お好み焼きの生地あたり 絵も描けますが版画すると重いです
70	⑧ネッチョリ関西風お好み焼きの生地あたり
60	⑦ネチョネチョ…ちょっと不快…
50	⑥形がつくれてごっこあそびができます
40	⑤まとまり感
30	④しっとり
20	③パラパラ
10	②パサパサ
0	①粉あそび サラサラ

抵抗感小　抵抗感だんだんup　このへんが抵抗感max!!　抵抗感大　再び抵抗感減少

●準備する物：片栗粉100 g／水50cc

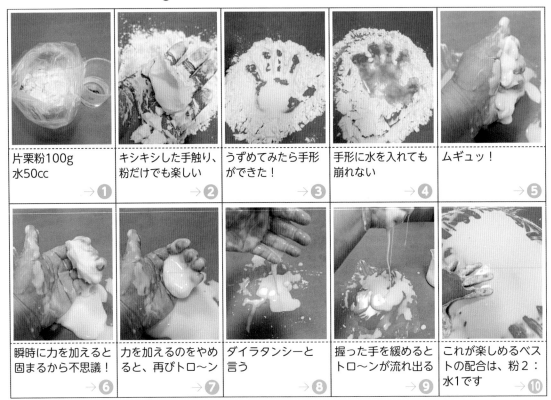

片栗粉100g 水50cc →❶	キシキシした手触り、粉だけでも楽しい →❷	うずめてみたら手形ができた！ →❸	手形に水を入れても崩れない →❹	ムギュッ！ →❺
瞬時に力を加えると固まるから不思議！ →❻	力を加えるのをやめると、再びトロ～ン →❼	ダイラタンシーと言う →❽	握った手を緩めるとトロ～ンが流れ出る →❾	これが楽しめるベストの配合は、粉２：水1です →❿

かたくり七変化！

　粉であそべばキュッキュッと鳴って、スベスベお化粧いい気持ち！　水を加えてトロトロに。ギュッと握るとおにぎりできた！　なのに離すと溶けちゃった！

　不思議がいっぱいカタクリあそび、粉と水とで化けくらべ～！

＊ダイラタンシーとは

　水をたしていくと不思議なことが起こります。キュッ！と瞬時に力を加えると固体になり、ゆるめるとまたトロ〜ンと液体になり、これをダイラタンシーというそうで、それを楽しむには片栗粉：水＝２：１がベストです！

ダイラ
タンシー度
Max

水（CC）

50	ダイラタンシー流体（ダイラタント流体ともいう）になる ギュッと握る（急激に力を加える）と塊（固体）になり……	

※片栗粉：水＝２：１の比率以上に水を増やしていくと水溶き片栗粉状になり、ダイラタンシーは楽しめなくなります。

40

30

20

10

0

❶粉あそび

ゆるめるとまたまたトロ〜ン

力（片栗粉100gの場合）

キュッキュッ
サラサラ〜

ダイラタンシー
味わっています

スベスベー

　水の量で抵抗が増したり、なくなったり…形ができるとあそべたり、こどもの様子を見てさじ加減しながらあそぶといいですね。もちろん、口に入れたとしても心配ない素材を選びましょう。

スライムスライム

●材　料：洗たくのり（PVA）、ほう砂、水性絵具や食紅、水、お湯（40℃程度のぬるま湯）、容器

●作り方：①水50ml＋のり50ml＋色少々

②お湯25ml＋ほう砂2g（溶けきらなくてもうわずみでOK）

＊ポイント！　①＋②を全力でシェイクシェイク！

＊ほう砂は薬品です。つくる段階の取り扱いや保管に注意しましょう！

すご～い！

へ～～っ！

やりたい！やりたい！

やりたい！やりたい！

ほ～ら、おもしろいよ！

ぼくらも！

ほ～！

へ～！

寒天クチュクチュ（ままごと編）

● 材　料：寒天（棒または、粉）、水、固める型
● 作り方：寒天あそびの場合は、下準備が必要です。寒天は粉の状態または、棒の状態で販売しています。目安としては、粉なら4gに対して水500cc、棒なら1本8gに対して水500ccで煮て冷まします。メーカーの表示をお確かめください。

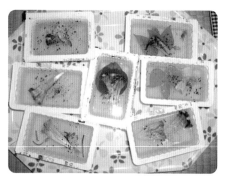
こどもたちが育てたアサガオを使った
きれいな寒天です。

もくもくとあそんで
います。

きれいな寒天はセレブ風なのに、
流し込んでる容器が豆腐の空きパックというところが
なんとも庶民的です。楽しくて当分あそんでいました。

きれいでウキウキしますね！

寒天クチュクチュ（全身編）

　下準備をしておきます。今回は三色準備しました。溶かし方はパッケージを見て確認してください。色粉（食紅）で色をつけたものを牛乳パックを利用して固めておきます。パックから出すところからスタート！こどもの視線が集まっていますね。

　「せんせい何してくれるんだろう…」という期待の目で見つめています。

オシメいっちょでやる気満々！

うわ〜！生まれて
初めて見るかも…

いつの間にか頭に
何か乗ってるんです
けど…。

おいしそう！にしか
見えない！！

クチュクチュ
おもしろいよ！

こおり（氷）

　"ひやっ！"（冷たい！の広島弁です）氷とは何ぞや！と体験してみました。ポスターカラーなどを混ぜて凍らせるとときれいです。水に浮かんで不思議です。冷たいので身体を冷やしすぎない程度にあそんでください。凍らせるときに棒などの持ち手を付けておくと、ペンのように持って描けてしかも冷たくないですよ！（市販でアイスをつくるグッズもありますよね）

　こんな工夫をしてあそんでみる…というご紹介です。

シュレッダー粘土（捨てるものは何もない！）

　事務所に行けば必ずあるものなぁ〜んだ？　近年やたらと書類づくりが多い‼　と、みなさん実感されているのではないですか？　そう、それです！　すぐにたまってしまうシュレッダーゴミです。これに洗たくのり（PVA）を混ぜて（水も少々たしながら）コネコネすれば、「なんちゃって紙粘土」のできあがり〜！　いろんな形に形成して粘土のように楽しめますよ！

●材　料：洗たくのり（PVA）、水、シュレッダーされた紙

2歳児作
「毛虫」

楊枝を刺すのも
おもしろい！

節分の「鬼」に
アレンジ

モビールに
アレンジ

4歳児作
「登り棒」

運動会で
頑張った

しがみついてる
ところを描くっ
て、なかなか難
しいですね

立体的につくってみるのもおもしろいです。

土台につめてい
るのもシュレッ
ダー粘土。
重しにもなる。

そうすると、ボディーイメージももちやすいように思います。

ポスターカラーのり

　ポスターカラーを溶いて洗たくのり（PVA）を混ぜると、ほどよい粘り気があり、よく伸びて
ヌリヌリ楽しめますよ。

　紙の上で直接大胆にあそぶもよし！　机の上でヌリヌリあそぶもよし！　あそんだ線を版画したり、その版画を背景にして描いたり貼ったりするのもステキです。

これは、餅つきを見た
後で。ぺったんぺった
ん模倣してあそんでい
ます。

うつ伏せ姿勢の保持が難し
い時は、ロールバスタオル
などで支えると手が自由に
動かせしっかりあそべます
よ。

●材　料：砂、洗たくのり（PVA）、水
●作り方：①タライに使う量の砂を入れる
　　　　　②好みの感触まで洗たくのり（PVA）を加えていく（形をつくれます）。
　　　　　③水を加えていくと「ぬか床」のようになり、たまらぬ気持ちいい感触が味わえます。
　　　　　　かたさによって、いろんなあそびにアレンジできます。

紙の上で直にあそぶと…

フィンガーペイント

かためにつくって木の実を
埋めこみましょう

幼児さんは
大胆に！

カエルごっこが好きな
クラスでつくりました！

この感触、はまります！

二人で考えてつくっています

水を加えてゆるゆると、
大人もとまらぬ楽しさよ！

これぞ "Simple is best ！" すべてのこどもたちに、思う存分「土と水と太陽を！」と思います。

あ〜たまらん感触…

幸せです

やはり楽しい究極は、泥んこってことになるでしょうねぇ

どっかり座り込んで…

大はしゃぎして

どろんこ大会じゃー

先生たち率先して楽しみます！

PART **5**

作品＆活動

　感触あそびは、そもそもあそびなのですから、あそんであそんでキャーキャーあそびまくって満足して、あそび終わればきれいに流して「楽しかった〜‼」を共有しあえたら大成功！だと思います。おまけに「いっぱいあそんでおなかすいた‼‼」と給食モリモリ食べてくれたなら！ けれど、ときにはあそんだ跡を作品にしてみたならば、こんな宝ができちゃいます！

　持ってる力、その年齢でできること、ちょっとこんなことに挑戦してみたいと課題にしていることを集めて作品にした、保育者のセンスが光る作品の数々を一挙ご紹介‼

　描画でいうと、ちょうど肩と肘との共応運動が豊かになり、のびのびと、ぐるぐる丸を展開するようになる発達段階にある1歳児クラスの低月齢クラスの子たちが、しっかり手のひらいっぱい感触の心地よさを味わい、あそんだ跡です。

　そんな外へ外へとひろがる、ぐるぐる丸のように、自我をふくらませ始めるこどもらのぐるぐる集めて、もこもこ絵本の再現です。ナイスセンス‼

　こちらは、1歳児クラス高月齢のクラスです。

　0歳児クラスの終わりごろから、感触あそびとともに手先を使ったあそびもたっぷり経験していきます。シール貼りにポットン（穴）落とし。ペンをもって描いたり、スプーンですくって、ごはんを食べたり、道具を道具として使えるようになってくると、制作活動では、1の指（ひとさし指を立て）をして、のりづけにも挑戦しはじめます。それで、できるようになったことを駆使し、つくって綴って、ステキな絵本が誕生しました。これもナイスアイディアな1冊です。

---

① 作品紹介

アレンジ❶ ぬたくりあそびで大好きな絵本の再現

『もこ もこもこ』（文研出版）
谷川俊太郎／作
元永定正／絵

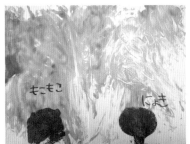

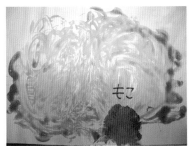

自分がぬりぬりしたページが出てくると大喜びです！
お友だちのページが出てくると、教えてあげて一緒に喜んでいますよ！

あったよ！

あった！

つくし組（1歳児）
オリジナル絵本

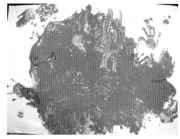

オレンジぬりぬり…

ちちん
ぷいぷい

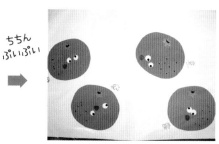

みかんになったよ！

あらまあ…
なんて素敵な発想！

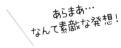

黄色ぬりぬり…

ちちん
ぷいぷい

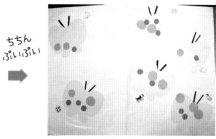

ちょうちょさんだよ！

青色ぬりぬり…

ちちん
ぷいぷい

愉快に泳ぐよおさかなさん！

ぬりぬりあそんだその色が、ちちんぷいぷい大変身!!　こどもの大好き
を集めてまとめてみんなの素敵な絵本ができました！
（白でぬりぬり白熊くん／赤であそんで消防車／紫さんはおいしいぶど
う／緑のぬりぬりワニさんに。保育者のセンス光る1冊！）

大好きな歌が絵になったよ！　もっともっと歌とお友だち♪

　いわゆる歌詞の「カンペ」から始まったようですが、そのうちその歌をイメージしてこどもたちがアートするようになりました。すると、もっともっと歌声がステキになったから不思議です。イメージして歌うと音楽も豊かになるのですね！

山の子

ああ　もみの木

春がきたら

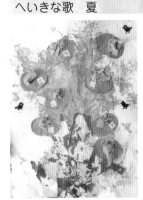

はたけのうた

へいきな歌　夏

雨の音楽

はたけのうた

かき

あまがえるの歌

小鳥とぶどう

森は生きている

秋の空

アレンジ④ ボクらワタシら名俳優！

大好きな絵本ができました。その名も『万次郎さんとおにぎり』。
好きすぎて、ごっこあそびに発展してゆきました。

すると……

『万次郎さんとおにぎり』(福音館書店)
本田いずみ／ぶん　北村人／え

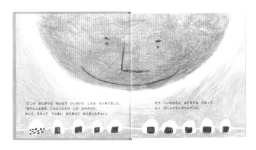  

なんと、万次郎さんから、おいしいお米が届いたのです！

こどもたち大喜び！
升で量ってお米を炊いて、おにぎりつくって食べました。

ますます楽しくなっていき、ついに劇あそびになりました。
いっぱいあそんで何回も、公演をおこないました。
背景の絵は、感触あそびでぬりぬりしてつくりました。

ぬりぬりあそんで、
大道具・小道具、
なんでもござれ！

万次郎さんたち

お米を育ててくれる太陽

お米たち

○ チャンスを集めて保育を創る

「保育は生もの」とよく言われます。活動の計画はしていても、想定外の贈りものが飛び込んでくることがあります（逆の場合もありますよね。予定通りに運ばなかったり、予定していたのにできなくなったり。その時もまた、そこにある条件の中で何ができるか柔軟に考える力も磨いていきたいですね）。

例えば、ご紹介した『万次郎さんとおにぎり』ですが、クラスの枠を超え、初めには思ってもみなかった展開をし、筋書きのないおもしろドラマを生み出してゆきました。

偶然の出来事を、そこに関わる人たちがおもしろがって、阿吽の呼吸で創っていったチームワークあっての展開です。

大好きになったこの絵本のごっこあそびを楽しんでいたそんな時、偶然届いたお米の宅急便。（こどもたちに食べさせてやってと友人が丹精込めてつくって送ってくれたお米が運よくごっこの最中に届きました。神っている!!）

ひらめき「そうだ！万次郎さんから届いたことにしてやろう！」……寝起きに発見し大喜びしたこどもたち、サッサと着替える!!

保育者機転① 「万次郎さんのお米でおむすび つくろう!!」…おにぎりクッキングへ。

ますますごっこが楽しくなり、こどもたち、「いやじゃいやじゃ はだかはいやじゃ！」と四六時中言ってる（絵本の中のおにぎりが言うセリフです。笑）。

保育者機転② 「イメージの世界を共有してみんなで楽しんでいる姿、大きく育った姿を保護者に観てもらいたい!!」…参観日公演決定!

背景画にはじまり、場面ごとに担当してオリジナル絵本を制作。公演当日は、自分が制作したページごとに出てきて大ハリキリの熱演!

父さん、母さん、ブラボーブラボー大喝采!!アンコール公演、園内で決定!

めでたしめでたし大成功!と思ったら、ちょっと待った!

まだまだあるある後日談……。

ある日、万次郎さんにそっくりな訪問者ありて、大騒動! 「ほんものまんじろうさんがきたー!!」

保育者機転③ 「ほんもの万次郎さんに劇みせてあげようやー!」

ほんもの万次郎さんやってきた! 劇見せた! いつも以上の大熱演に万次郎さん大拍手!!

ほんもの万次郎さん機転①

おみやげつくってきてくれた。絵本と同じおにぎり。
（ひとつだけ絵本の中のおにぎりと同じ海苔のクズを集めてつくったおにぎりがあった!）
絵本万次郎さん、頭のてっぺん少し毛がある。
ほんもの万次郎さん、つるつるなので…

頭のてっぺんに
なんか黒いものが
のっとるよ。

＼ 万次郎さん
ナイスセンス! ／

ほんもの万次郎さん機転② 頭のてっぺんに海苔貼ってきていた。おにぎりを配ろうとかがんだ時、脱落。「これ、海苔なんよ」と言いながら拾っている。

絵本から飛び出してきて、こどもの期待に応えてくれたほんもの万次郎さん、ありがとう！（次は、あなたのところを訪れるかもしれませんよ！）

こどもたち、観てもらった喜びを描いて綴じ、万次郎さんにプレゼント。

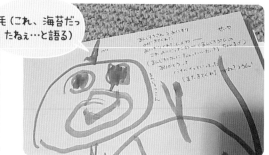

やはり、心に残ったことは海苔の脱落だったようです（笑）。

偶然が重なり、いろんな人が加わっていき、それがたし算でなくかけ算のように幾重にも大きく膨らんでいった例です。

ときにはこんなことがあってもいいでしょう。

ワクワク楽しい保育の種はいろんなところに落ちています。種をひろってこどもと一緒に育てていくとおもしろいですよね。

一緒に保育を盛り上げてくれる人が、あなたの周りにもきっといますよ！

万次郎直筆

② 活動紹介

 ちぎちぎクッキング

　クッキングを難しく考える必要はありません。赤ちゃんだったら見る勉強。ちぎれるようになったなら、葉物をちぎって煮びたしに。

　3歳児クラスのクッキングです。包丁も少しずつ使う経験をはじめたいですが、ちょっとドキドキします。その前に安心して、こどもたちに任せられることをたっぷりしていきましょうね!!
自分たちでつくると食欲倍増です

説明をしているところ

はい、ど〜ぞ！

野菜ともお友だち
になれますよ〜！

こちらは2歳児。
ちぎちぎクッキングだと
1歳から参加できます。

おすそわけ、運んでくれました。

パン！

　同じ小麦粉だけど、いつもより強い粉と砂糖と魔法の粉を入れ、こねて寝かせて焼いたなら…。親鳥のように、胸に抱いて眠る姿の愛しいこと！こどもの体温をもらって目覚めたときにはあら不思議！もっちり発酵、炭火で焼いて、おいしいパンに大変身！　３歳児パン屋さんです。

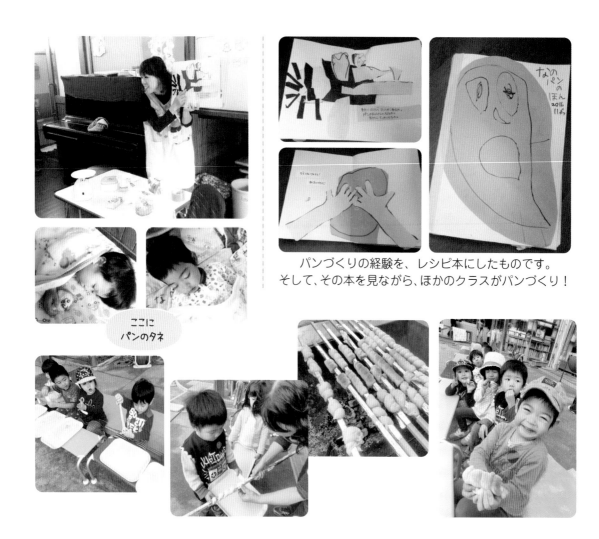

ここに
パンのタネ

パンづくりの経験を、レシピ本にしたものです。
そして、その本を見ながら、ほかのクラスがパンづくり！

うどんがっこう

小麦粉を使ってその感触を味わう…目的が変わると食べものづくりを楽しめるようにもなります。

これは年長さん。これまでにいろんな感触とお友だちになってきたので、うどんをこねるときも「いや〜ん…ヌチャヌチャして気持ち悪い〜〜！」と悲鳴をあげる子はもういません（笑）。

職員旅行で琴平に行って
学んできました‼

踏んで…
踏んで…

腰を入れて
伸ばして伸ばしてー…

猫の手もじょうず！

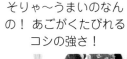

ちょうどよい
太さね〜！

そりゃ〜うまいのなんの！あごがくたびれる
コシの強さ！

おめでとうございます！
あなたは今日からうどん名人！
お家でつくった人もいたようですよ！

おわりに　やんちゃもしながら…

再び、こうきです…

　泣いたり笑ったり、ボクがいろんな「はじめて」と出会いながら大きくなっていくのを見てくれましたか？　いっぱいいっぱいいろんなことをしながら、ボクは大きくなりました。こんなに楽しかったのは、やっぱりお友だちと一緒だったからです。

　3歳の誕生日には給食の先生からお箸とお茶碗のプレゼントをもらいました。お箸をじょうずに使えるように、先生たちは指が豊かに動くようになるあそびもたくさん考えてくれたんだって。
　苦手だったヌリヌリやベトベト、チクチクも、みんなと一緒に楽しくあそべるようになりました。なんであんなに泣いてたのかな…？
　ケンカもいっぱいしたけれど、友だちは最高！

　年長組になると、ルールづくりをして"自分たちの生活は自分たちでつくっていく"ように先生たちが見守ってくれたよ。

　なのにボクはある日、みんなで決めたルールを破っていらないものを保育園に持ってきたんだ。こっそり持ってきたのに園長先生がそれを被って仕事をしていたのでボクはひっくり返りそうに驚いて、約束を破ったことを本当にいけないと思ったよ。先生は全部知っている。

ケンカやいたずらもして、ボクは保育園でたくさんの人やものとお友だちになった。たくさんの宝ものをもって"いちねんせい"になります！知らないことに出会っても、もうだいじょうぶ！

　こんなふうに毎日新しい世界に出会い、挑戦し、葛藤し、泣いて笑って仲間とともに今を生きているこどもたちの姿と、こどもにとって何が一番いいのだろう、どうやって楽しませてやろうかと頭突き合わせて考えながら、自分のすべてをかけてこどもと向き合う保育者の姿を、欲張ってあれもこれもと詰めこみました。どの場面にも、夢中になってあそぶこどもたちと、寄りそう保育者たちがいて、人が育つって本当にすばらしいことだと感動で心がふるえます。

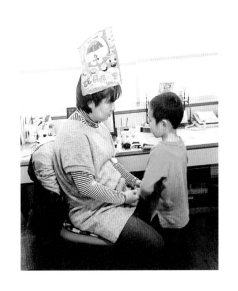

　ほとんどのページは今を担う保育者たちの紡ぎ出す保育の営みの場面ですが、「大人は楽しく生きる手本でありたい！」のページの一連（p.9〜10）は、著者が0歳児のこどもたちと感触あそびを大胆に楽しんでいる古い記録です。まだデジタルでない時代の記録をおこすのが難しく、見えづらい画像であることをお許し願いたいのですが、これは、感触あそびの旬であると思う夏に、「こんなふうに全身を使って大胆にたっぷりあそぶことが大事なんだよ！」「0歳であっても先生の話をちゃんと聞いて、そのことに向かえるんだよ！」ということを理解してほしいのと、「昼間こんなふうに友だちとかかわり合いながら楽しくあそび、学びながら過ごしているから安心してくださいね！」との思いをこめて、懇談会で保護者に見てもらおうと撮影してもらったものです。同時に若者たちへのメッセージでもあり、感触あそびの大切さを発信する出発点、いわば「感触あそび 始まりのメモリー」といった感じでしょうか。（笑）

　大人なのにこんなふうにはっちゃけて汚れて一緒にあそびまくる人を、若者たちは初めて見た

かもしれません。「そんなことしてもいいんだー!!」と、びっくりしたかもしれませんね。言葉にしづらいのですが、私はいつもこども目線でいたい…こどもにさせるのではなくて、大人も楽しさを共有しながらあそびまくり、楽しく生きる姿をさりげなく側で示す存在でいたいなーと思うのです。そんなふうにこどもに向かい、生きる姿を心で観て、あそびの大切さのみにとどまらず、保育の醍醐味や一人の先輩保育者の保育観をも感じとりながら理解を深め、今度は自分たちでやってみようと考え、保育を創造しはじめた若者たち。蒔いた種をひろい、育ててくれて、いろんなことがここまで引き継がれてきているように思います。

　こどもにとっての挑戦は、大人にとっても本気の挑戦でありたい。いつも新鮮な気持ちで挑戦していきたい。一緒に学ぶ仲間がどんどんひろがっていくことを想像し、ワクワクしながらこの本を書く挑戦をしました。

　話すたびに夢を語って構成を変えていく私に柔軟に寄りそい、的確な質問をして思いを引き出してくださったかもがわ出版の中井史絵さん、本当にありがとうございました。そのたび私は、ひらめきまくり、「あ、こうしてみよう!」と、引き出しがどんどん開いていきました。
　それから、たくさん写真を使うにあたり、OBや保護者のみなさんへの声かけを手伝ってくれた職場の仲間たち、心から感謝しています。ありがとう!

　コロナウイルスで世界中がつらい今、それでも二度とこない今日という日がとびきり楽しい一日になるように、この本が保育に力をくれる一冊になれば嬉しいです。心をつないで乗り越えましょう!

こどもたちは、希望! 保育は、希望!!

2020年5月　

PROFILE

◉山下慶子（やました けいこ）

広島出身。20歳から保育十。

広島保育問題研究会、音楽教育の会、民俗舞踊研究会などを学ぶ拠りどころに日夜修業中。人間をはじめとする生きものとあそぶことと、音楽と山と温泉が好き。主な著書『誇り高き３歳！』（保育のたまご社）、『保育園はワンダーランド』（一粒の麦社）、『0〜5歳のおもしろ絵画・制作ヒット72選！』（かもがわ出版）など。

◉口田なかよし保育園（くちたなかよしほいくえん）

広島市内にある私立保育園。

●健康で明るく活動的な子ども／●「自我」をふくらませ、自立心を持った子ども／●「みる力」「きく力」「創造する力」を持った子ども／●思ったことを表現できる感性豊かな子ども／●人とのかかわりを学び、共同していく力を持った子ども、をめざすこども像に掲げ、「今日もたのしかったー!!」と生活を満喫し、スペシャルな一日を渡してお家へ帰してやりたいね！　と職員みんなで力を合わせ奮闘している。大人も子どももみんなで挑戦し、育ちあえる保育園になりたくて、日々、描いたり歌ったり踊ったり笑ったり、大汗かきながらこどもと向き合っている。

五感をはぐくむ　感触あそび！
人やものと友だちになろう

| 2020年７月15日 | 第 1 刷発行 |
| 2022年５月６日 | 第 4 刷発行 |

著　者／　山下慶子

編　著／ⓒ広島・口田なかよし保育園

発行者／竹村正治

発行所／株式会社　かもがわ出版
〒602-8119　京都市上京区堀川通出水西入
☎075(432)2868　FAX 075(432)2869
振替　01010-5-12436

印　刷／シナノ書籍印刷株式会社

ISBN978-4-7803-1096-2　C0037　　　　　Printed in Japan

『0〜5歳の
おもしろ絵画・制作ヒット
72選！』

広島保育問題研究会絵画・造形部会●編著

本体1800円

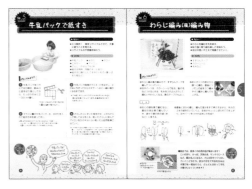

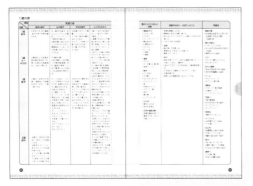

子どもの発達の様子を確認しながら、
制作できるものを選べます。

本文には、つくり方、材料などもあり、
すぐ使える内容です！